Helmut Burkhardt

Das biblische Zeugnis von der Wiedergeburt

Brunnen-Verlag GmbH · Gießen und Basel

Theologie und Dienst

Herausgegeben vom Prediger- und Missionsseminar
St. Chrischona, Bettingen bei Basel
Redaktion: Klaus Bockmühl und Werner Stoy

Umschlag: Harald Wever
© 1974 by Brunnen-Verlag, Gießen
Gesamtherstellung: Druckhaus West GmbH, Stuttgart
ISBN 3 7655 0323 1

Inhalt

Das biblische Zeugnis von der Wiedergeburt* – Vorbemerkungen

1. Wiedergeburt — ein verstummtes Wort. Ein Blick in die Kirche heute

„Wenn *eine* Lehre unseres Christentums nötig ist, so ist es gewiß die von der Wiedergeburt. Sie ist der Brunnen, aus dem alles, was in unserem Leben Gutes ist, herfließen muß."[1] Ein Wort, das noch heute das Herz eines lebendigen Christen höherschlagen lassen dürfte. Philipp Jakob Spener, der „Vater des Pietismus", war es, der es am Anfang einer langen Reihe von Schriftauslegungen zu dem einen Thema „Wiedergeburt" aussprach. Seitdem sind annähernd dreihundert Jahre vergangen. Speners Aussage aber hat an Dringlichkeit nichts verloren.

Vieles aus Praxis und Theorie des Pietismus ist im Laufe der Zeit wie selbstverständlich in das volkskirchliche Leben eingegangen, von der Bibelstunde bis zum in der Ökumene heiß diskutierten Begriff Evangelisation. Das Zeugnis von der Wiedergeburt ist ein Fremdling geblieben.

Man denke nur an unsere kirchliche Presse. Die Gemeindeblätter wissen viel aus Kirche und Welt zu berichten. Manch gutes biblisches Wort wird gesagt, über manchen wichtigen Artikel unseres Glaubens keineswegs nur in oberflächlicher

---

* Erweiterte Fassung eines 1972/73 auf Tagungen der Pfarrer-Gebets-Bruderschaft in Kurhessen-Waldeck, Rheinland und Österreich gehaltenen Vortrages.

[1] Ph. J. Spener, Von der Wiedergeburt. Aus seiner Berliner Bibelarbeit, hrsg. von H. G. Feller, Stuttgart 1963, S. 13 (kursiv von mir).

oder kritisch-abbauender, sondern immer wieder auch hilf-
reicher Weise gehandelt. Aber dem Stichwort „Wiedergeburt" bin jedenfalls ich hier noch nicht begegnet. Ausnahmen dürften auch hier nur die Regel bestätigen.

Diese Enthaltsamkeit im Blick auf das Zeugnis von der Wiedergeburt reicht, und das scheint mir bezeichnend für unsere Situation zu sein, bis in die Kreise lebendiger, missionarisch ausgerichteter Christen.

So hat – um wenigstens ein Beispiel zu nennen – die Arbeitsgemeinschaft für Volksmission in der Evangelischen Kirche in Deutschland (EKD) eine Broschüre herausgebracht, in der sie die Grundsätze und Ziele ihrer Arbeit umreißt[2]. Hier wird der Verkündigungsauftrag kompromißlos und klar mit Worten wie „Bekehrung" und „Glaube an Jesus Christus als Herrn und Erlöser" beschrieben. Und doch, selbst im Dokument über Evangelisation[3] fehlt eins: das Wort von der Wiedergeburt.

Wie mag diese eigenartige Situation zu erklären sein?

2. Wiedergeburt — ein unmodernes Wort?
   Ein Blick in unsere Zeit

Hat das Schweigen der Kirche seinen Grund vielleicht darin, daß „Wiedergeburt" schlicht ein unmodernes Wort ist, das in den Wortschatz unserer technisierten Welt schlecht paßt und das man heute einfach anders umschreiben muß, wenn man verständlich reden will?

Tatsächlich begegnet uns in der modernen Welt aber manches, was an das Wort Wiedergeburt erinnert.

Da ist zunächst die unsere ganze Welt durchziehende allgemeiner gestellte Frage nach Erneuerung. Man spürt: So, wie wir heute leben, kann es nicht weitergehen. Und auf vielfache Weise sucht man nach Wegen in eine neue Welt.

---

[2] Auftrag und Dienst der Volksmission, Stuttgart 1967.
[3] Ebda. S. 28—38.

Da erwartet man durchgreifende Erneuerung auf dem Weg der Veränderung der Verhältnisse und Strukturen. Entweder durch soziale Revolution: Die Änderung der Macht- und Besitzverhältnisse zugunsten der Arbeiter macht die Gesellschaft automatisch menschlicher. Oder durch technische Revolution: „Die verstärkte Einswerdung der dichter über den Planeten verbreiteten Art Mensch prophezeit nicht einfach ‚mehr von demselben‘, mehr Dichte, engere Verbindungen usw. Vielmehr baut diese Einswerdung einen Druck auf, der zur Pflanzstätte des *Novum* führt, das weder voraussagbar noch zähmbar ist. Nur im Rückblick kann man sagen, daß an einem gewissen Punkt die quantitativen Entwicklungen die Linie der qualitativen Änderungen kreuzten... Irgendwann während der ersten Hälfte des 20. Jahrhunderts wurde die menschliche Art ein planetarisches Wesen (entity) und überschritt unumkehrbar die Linie, wo sie ein Artbewußtsein erhielt." So beschreibt der amerikanische Theologe Ph. Hefner die Visionen des französischen Biologen und Philosophen Teilhard de Chardin[4].

Während hier aber nur Veränderungen im allgemeinmenschlichen Bewußtsein festgestellt werden, sind in den letzten Jahren auch Überlegungen aufgetaucht, wie man zu Veränderungen der menschlichen Art bis in die biologischen Grundlagen hinein kommen könne. „Die neue Eugenik läßt die Steuerung und Beschleunigung der Evolution des Menschen als möglich erscheinen. Sie wird mit der Vision verbunden, daß ‚in Zukunft Menschen bessere Generationen von Menschen schaffen werden‘."[5]

Ob all diese Entwürfe der Zukunft des Menschen nur Träume sind, die nicht verwirklicht werden können, oder auch

---

4 Ph. Hefner, Die Zukunft als unsere Zukunft. Eine Teilhardsche Perspektive, in: Ev. Theol. 32/1972, S. 361.
5 J. Moltmann, Hoffnung und die biomedizinische Zukunft des Menschen, in: Ev. Theol. 32/1972, S. 315, mit einem Zitat aus dem Buch R. Jungk/H. L. Mundt, Das umstrittene Experiment DER MENSCH. Elemente einer biologischen Revolution, 1966.

nicht[6] – als Ausdruck tiefen Verlangens und Suchens unserer Zeit sind sie auf jeden Fall ernst zu nehmen.

Allerdings – ganz abgesehen von der Frage, ob solche Erneuerungen zu verwirklichen sind – ist durchaus die Frage berechtigt, ob ihre Verwirklichung überhaupt zu wünschen wäre, ob diese Träume nicht zugleich Alpträume sind?

Tragen sie nicht alle einen merkwürdig unmenschlichen Zug? Wichtig ist nicht mehr der Mensch, du und ich, sondern die Menschheit als Art; sie und das einzelne Menschenwesen in ihr werden zum Gegenstand der Planung, der Technik. Der Mensch verliert sein Personsein und wird „Ding", mit dem etwas „gemacht" wird.

Die Frage nach Neuwerden, Anderswerden des Menschen ist brennend in unserer Zeit, bis hinein in Formulierungen, die an Wiedergeburt erinnern – und doch bleibt dieses Suchen ohne Orientierung und Hoffnung.

Die Kirche hätte ein Wort für diese Zeit. Warum schweigt sie?

3. Wiedergeburt — ein überhebliches Wort? Ein Blick in die Kirchengeschichte

Sicher gibt es manche mögliche Antworten auf die Frage, warum in der Kirche das Zeugnis von der Wiedergeburt weithin verstummt ist, vom Hinweis auf schlichten Unglauben bis hin zu dem auf Menschenfurcht.

Ein Grund für das Versagen der Kirche in dieser Frage scheint mir aber zumindest im Bereich der reformatorischen Kirchen besonders wichtig und wirksam zu sein: eine tiefverwurzelte Angst vor „Pharisäismus". Man fürchtet, wer von Wiedergeburt spricht, unterscheidet zwei Klassen in der Kirche: die Wiedergeborenen und die Nichtwiedergebo-

---

[6] Die Fachleute sind durchweg sehr skeptisch. Nach Moltmann a. a. O. wird z. B. die These von der biologischen Herstellung des neuen Menschen „von den Genetikern nicht ohne Ironie ausgesprochen, von der Öffentlichkeit nicht ohne Torheit ernstgenommen".

renen. Dabei müssen die ersten sich notwendig für etwas Besseres, „Christlicheres" halten als die anderen. Ihnen wird durch diese Meinung zugleich eine Sicherheit gegeben, die die Buße über konkrete Sünden zu erübrigen scheint. Diese Furcht hat ihren berechtigten Ursprung in der zentralen Erkenntnis der Reformation, daß ein Mensch allein aus Glauben vor Gott recht sein kann und durch nichts sonst. Aber sobald eine Erkenntnis, sie mag noch so zentral sein, verallgemeinert und zu einem Prinzip gemacht wird, zu einem allgemeinen Gesetz des Denkens, einer weltanschaulichen Grundstruktur, die überall und auf alles Anwendung findet, tritt eine verhängnisvolle Verfälschung der ursprünglich richtigen und wichtigen Erkenntnis ein. Von dieser einen Erkenntnis her wird ein System aufgerichtet, in das alle andere Erkenntnis hineingepreßt wird.

Auch die Lehre von der Wiedergeburt scheint im Laufe der neueren Geschichte der Theologie Opfer einer solchen Umbiegung geworden zu sein, und zwar in verschiedenen Gestalten bis heute.

Reformatorische Theologie

In den Anfängen der reformatorischen Kirchen konnte man noch unbefangen von Wiedergeburt sprechen. So schreibt etwa Luther in der großen Auslegung des Galaterbriefes von 1531 zu Gal. 4, 7: „... also macht allhier der Glaube allein zu Gottes Kindern, die, so da geboren werden durchs Wort"[7]. Und bei Gal. 2, 4 heißt es: „Wo unsere Widersacher (d. h. die Vertreter der Gerechtigkeit aus Werken) diesen Glauben, als dadurch wir neu geboren, vor Gott gerecht und Christo eingeleibt worden sind, wollen bleiben lassen, so erbieten wir uns, daß wir alles, was wir nur sollen, herzlich gerne thun wollen..."[8]

---

[7] D. Martin Luthers ausführliche Erklärung der Epistel an die Galater, Berlin 1856, Sp. 541, Abschnitt 123.
[8] Ebda. Sp. 130, Abschnitt 44.

Wiedergeburt ist hier und in vielen anderen ähnlichen Aussagen Luthers ineinsgesetzt mit der Entstehung des Glaubens aus dem gehörten Wort der Evangeliumsverkündigung. Er scheint sie sich also als Ereignis im Leben von erwachsenen Menschen vorzustellen. Tatsächlich bleiben Luthers Aussagen über die Wiedergeburt aber immer grundsätzlich eingebettet in sein Verständnis der Taufe, und d. h. der damaligen Regel entsprechend auch der Säuglingstaufe. So sagt er im „Sermon von dem heiligen hochwürdigen Sakrament der Taufe" von 1519: „Die bedeutung (der Taufe) ist eyn seliglich sterbenn der sund und aufferstehung yn gnaden gottis, das der alt mensch, der yn sunden empfangen wirt und geporen, do erseufft wird und ein newer mensch erauß geht und auff steht, yn gnaden geporen", wozu Luther auf Tit. 3 und Joh. 3 hinweist[9].

Er steht darin ganz in der altkirchlichen und mittelalterlichen Tradition, nach der ebenfalls Taufe und Wiedergeburt ineinsgesetzt werden[10].

Die Verbindung zwischen der Wiedergeburt als Widerfahrnis des Christen u. U. lange nach der Taufe und ihre Bindung an das zurückliegende Ereignis der Taufe liegt in dem dynamischen Taufverständnis Luthers. Das Taufsakrament *selbst* steht am Anfang des *Werkes* des Sakraments[11], das sich über das ganze Leben erstreckt. Das Leben des Christen ist eine ständig neue Geburt[12].

---

[9] Otto Clemen (Hrsg.), Luthers Werke in Auswahl, Bonn 1912, Bd. 1, S. 186 (= WA 2,727 f.).

[10] Vgl. etwa Thomas von Aquin in S. th. p III q 68,11: „Sed baptismus est quaedam spiritualis regeneratio" („Die Taufe ist sozusagen eine geistliche Wiedergeburt"), oder 68,9: „regeneratio spiritualis, quae fit per baptismum" („eine geistliche Wiedergeburt, die durch die Taufe geschieht").

[11] Clemen a. a. O. 188,7.

[12] Clemen a. a. O. S. 186,21 ff.: „Das sacrament odder tzeychen der tauff ist bald geschechen, wie wir vor augen sehen, aber die bedeutung, die geystliche tauff, die erseuffung der sund, weret die weyl wir leben ... Drumb ist diß gantz leben nit anders dan eyn geistlich tauffen an unterlaß biß yn den todt." Vgl. dazu Luthers in der be-

Ermöglicht wird dies aktualistische Verständnis der Wiedergeburt wohl von Luthers Sicht des menschlichen Lebens her als einer einzigen Vorbereitung auf das künftige Leben, das Gott mit dem Jüngsten Tag heraufführt, als ein zusammengedrängter Augenblick (ein „anheben") angesichts der Ewigkeit[13].

Beabsichtigt ist – in Konsequenz reformatorischer Grunderkenntnis von der radikalen Verlorenheit des Menschen – eine Abwehr des mittelalterlichen Substanzdenkens[14], eine Abwehr der Vorstellung, als könne vom Menschen zu irgendeinem Zeitpunkt gesagt werden, er „sei" in sich etwas vor Gott. Eben dies befürchtete man bei der vorreformatorischen scholastischen Theologie, die von einem in der Taufe erworbenen „unverlierbaren Charakter" (character indelebilis) des wiedergeborenen Christen sprach[15].

Zu fragen wäre allerdings, ob man sich in der Reformation hier etwa nur aus der Abhängigkeit von der einen philosophischen Überlieferung, der mittelalterlichen Seins-Metaphysik, in die Abhängigkeit von einer anderen begab, der radikalen Geschichtlichkeit des altgriechischen Philosophen

---

rühmten ersten der 95 Thesen vertretene Bekehrungsverständnis: „Dominus et magister noster Jesus Christus dicendo: Penitentiam agite etc. omnem vitam fidelium penitentiam esse voluit" Clemen a. a. O. S. 3, 18—20 („Unser Herr und Meister Jesus Christus, als er sprach: Tut Buße usf., wollte, daß das ganze Leben der Gläubigen Buße sei.").

[13] Clemen a. a. O. S. 186, 37—39: „Also ist eyns Christen menschens leben nit anders dan eyn anheben, seliglich zu sterben von der tauff an biß yns grab. Dan gott will yhn anders machen von new auff am Jungsten tag."

[14] Vgl. später die lutherische Bekenntnisschrift Formula concordiae (FC) von 1577, wo die mittelalterliche Lehre verworfen wird, „daß Gott in der Bekehrung und Wiedergeburt des alten Adams Substanz und Wesen und sonderlich die vornünftige Seele ganz vertilge und ein neues Wesen der Seele aus nichts in der Bekehrung und Wiedergeburt erschaffe." FC Ep II,7 (in: Die Bekenntnisschriften der Ev.-Luth. Kirche, 5. Aufl. Göttingen 1963, S. 779).

[15] Vgl. C. H. Ratschow, Die eine christliche Taufe, Gütersloh 1972, S. 69 zu Thomas von Aquin.

Heraklit, nach dem alles nur Werden ist und es kein bleibendes Sein gibt[16].

Wie dem auch sei, jedenfalls ermöglichte diese Konzeption der Reformation zunächst einmal, von der Wiedergeburt wieder als etwas zu sprechen, das nicht nur irgendwo am Anfang des Lebens steht, sondern sich mitten im Leben von Christen an entscheidender Stelle vollzieht.

Im gleichen Sinne begegnet uns das Wort Wiedergeburt dann auch in den Bekenntnisschriften der reformatorischen Kirchen z. B. ständig neben zentralen Begriffen wie Glauben, Bekehrung und Rechtfertigung[17]. Und die Formula Concordiae, jenes bedeutende Werk der zweiten Generation der Reformation, in dem die reformatorische Bekenntnisbildung lutherischer Prägung ihren Abschluß fand, verteidigt das Wort von der Wiedergeburt nachdrücklich gegen das Mißverständnis, sie sei Werk des Menschen[18], und unterscheidet unbedenklich zwischen Wiedergeborenen und Nichtwiedergeborenen[19].

Auf die Dauer aber konnte die große Spannung, in der das reformatorische Verständnis der Wiedergeburt stand, nicht durchgetragen werden. Hinzu kam, daß schwärmerische Gruppen sich einseitig auf die Wiedergeburt als, wie sie meinten, von den äußeren Heilsmitteln des Wortes und des Sakraments unabhängige Erfahrung beriefen. In der Auseinandersetzung mit ihnen wurde auf Seiten der kirch-

---

[16] Vgl. H. Diels (Hrsg.), Die Fragmente der Vorsokratiker, Hamburg 1957, S. 21 ff., bes. Fragment 12 und 91. In diesen Zusammenhängen dürfte auch begründet sein, daß R. Bultmanns existentiale Interpretation der christlichen Existenz bei der Reformation anknüpfen konnte.

[17] Vgl. in den lutherischen Bekenntnissen Apologie IV,78 (a. a. O. S. 175), IV,125 (S. 185), IV,292 (S. 218); beachte bes. XII,1.58 (S. 253. 263), wo die Wiedergeburt innerhalb der Bußlehre genannt wird und ausdrücklich von einem Ereignis *nach* der Taufe gesprochen wird; vgl. weiter in FC Ep VI,3 (S. 794), FC SD III,25 (S. 882), III,22 (S. 921) u. ö.

[18] FC SD III,18 ff. (a. a. O. S. 920 f.).

[19] Z. B. in FC Ep VI,6 (a. a. O. S. 795).

lichen Theologie die Wiedergeburt zunehmend auf die Taufe beschränkt, und das hieß, da die Erwachsenentaufe praktisch nicht vorkam, auf die Säuglingstaufe.

Um das von den Schwärmern gefährdete „allein aus Gnade" zu wahren, wurde auf diese Weise die Wiedergeburt ganz dem Zugriff und der Erfahrung des einzelnen Menschen entrissen.

Diese Lehre von der Taufwiedergeburt erlangte in der herrschenden Lehre der Kirche, der Orthodoxie, allgemeine Anerkennung und ist seitdem – bewußt oder unbewußt – wichtigste Grundlage volkskirchlicher Frömmigkeit[20].

Liberale Theologie

Scheinbar ganz anders verstand man in der liberalen Theologie des ausgehenden 19. Jahrhunderts die Wiedergeburt. In seinem „Unterricht in der christlichen Religion" des wohl bedeutendsten Vertreters dieser Theologie, Albrecht Ritschl, heißt es: „Was einzelne dafür ansehen, ist im besten Fall nur als eine Stufe in der christlichen Entwicklung zuzugestehen."[21]

Hier ist die Wiedergeburt also mitten in das Leben des einzelnen Christen gelegt. Aber schon im Begriff der Entwicklung liegt eine Einebnung der Wiedergeburt in einen letztlich bruchlosen Zusammenhang. Wiedergeburt ist das im einzelnen nicht zu fixierende Ergebnis christlicher Erziehung.

---

[20] Wobei vor allem die Vermittlung durch die Taufliturgie eine nicht zu unterschätzende Rolle spielen dürfte, vgl. in Agende III der VelKD Studienausgabe Berlin 1963, S. 65 die die Handauflegung beim Täufling begleitenden Worte: „Der allmächtige Gott und Vater unsers Herrn Jesu Christi, der dich von neuem geboren hat durch das Wasser und den Heiligen Geist..." und im darauffolgenden Dankgebet die Wendung: „... wir sagen dir von Herzen Lob und Dank, daß du ... auch dieses Kind durch die heilige Taufe wiedergeboren ... hast."

[21] Albrecht Ritschl, Unterricht in der christlichen Religion, 1. Aufl. 1875, Nachdruck Gütersloh 1966, § 56 a, S. 50.

Die Begründung klingt reformatorisch: „Man hat sich zu hüten, diesen Grund des eigenen christlichen Lebens erfahrungsmäßig und zeitlich feststellen zu wollen... Für denjenigen also, welcher zur Selbständigkeit seines christlichen Lebens durch die unermeßlichen Erziehungswirkungen der christlichen Gemeinde gelangt ist, ist es ganz unmöglich, aber auch überflüssig, einen Anfang jenes Erfolges zu beobachten."[22] Aber das „allein aus Gnaden" wird hier, verallgemeinert, in die idealistische Philosophie der Zeit eingezeichnet und dem Zeugnis von der Wiedergeburt so der Stachel des Anstößigen genommen.

Im allgemeinen Volksbewußtsein hat diese Einzeichnung der Wiedergeburt in den Entwicklungsgedanken folgende Gestalt angenommen: Im Grund ist es Anmaßung zu sagen: „Ich bin Christ." Wir sind bestenfalls dabei, welche zu werden. So gibt es bessere und schlechtere Christen, und, genaugenommen, ist das letztere das bessere...

Dialektische Theologie

Als nach dem Ersten Weltkrieg die Vorherrschaft der liberalen Theologie von der der dialektischen Theologie abgelöst wurde, lebte die orthodoxe Lehre von der Wiedergeburt in wieder neuer Form auf. Statt in ein Ereignis der Vergangenheit, die (Kinder-) Taufe, wurde die Wiedergeburt jetzt in das je und je Erklingen des göttlichen Verheißungswortes verlegt. Gemeinsam ist: Wiedergeburt ist nicht faßbar, liegt jenseits menschlichen Erkennens und Erfahrens.

So heißt es bei Karl Barth in einer Auslegung des Glaubensbekenntnisses auf die Frage, worin denn die Kontinuität im Leben des wiedergeborenen und doch zugleich natürlichen Menschen bestehe: Die Kontinuität „beruht darauf, daß Gott Geduld mit mir hat, daß Gott mir noch Zeit läßt,

---

[22] Ebda.

16

die Wendung zu vollziehen"[23]. „...jeden Tag von neuem wird in jeder Situation die Totalität des sündigen Menschen der Totalität der Gnade in Christus gegenüberstehen..."[24]

Und Barths Schüler und Freund Otto Weber schreibt in seiner Dogmatik unter Berufung auf Joh. 3, 8: „Der Wiedergeborene ist als solcher nicht vorfindlich."[25] Die Wiedergeburt „gehört der Wirklichkeit an, die uns nur als die erwartete gegenwärtig ist"[26]. „Greifbar ist da nichts. Aber es ist alles in ‚Sicht‘."[27]

Stärker noch als bei Barth nimmt die Jenseitigkeit der Wiedergeburt hier die Gestalt der reinen Zukünftigkeit an. Hier ist dann nur noch ein kleiner Schritt zu Webers Schüler J. Moltmann und seiner „Theologie der Hoffnung". In ihr begegnet uns zwar – jedenfalls in diesem Buch – das Stichwort Wiedergeburt nicht. Bezeichnend ist aber etwa, wie das Ziel missionarischer Verkündigung umschrieben wird: „...damit kein Winkel dieser Welt ohne die Verheißungen Gottes auf Neuschöpfung aus der Kraft der Auferstehung bleibe."[28]

Hier wird Wiedergeburt entweder übersprungen oder in einen die ganze Welt umfassenden Vorgang zukünftiger Erneuerung gefaßt, genauer: In die Hoffnung auf solche Erneuerung. Das Heil aber, das sie bringt, „bedeutet nicht Seelenheil, individuelle Rettung aus der bösen Welt, Trost des angefochtenen Gewissens allein, sondern auch Verwirklichung eschatologischer Rechtshoffnung, Humanisierung des Menschen, Sozialisierung der Menschheit, Frieden der ganzen Schöpfung."[29]

Trotz des ausgleichenden „nicht allein – sondern auch" liegt

---

[23] K. Barth, Credo, München 1935, S. 172.
[24] Ebda. S. 173.
[25] O. Weber, Grundlagen der Dogmatik II, Neukirchen 1962, S. 401.
[26] Ebda.
[27] Ebda. S. 284 f.
[28] J. Moltmann, Theologie der Hoffnung, 4. Aufl. München 1965, S. 302.
[29] Ebda. S. 303.

das innere Interesse Moltmanns eindeutig bei der zweiten Satzhälfte. Die erste bringt lauter z. T. diffamierende Klischees. Die Furcht vor dem Pharisäismus nimmt hier eine andere Form an: die der Furcht vor Heilsegoismus und Selbstgenügsamkeit. Doch sie hat die gleiche Wirkung: Das Zeugnis von der Wiedergeburt hat hier keinen rechten Platz.

Zu Recht? Müssen sich beim Wort „Wiedergeburt" wirklich notwendig Gedanken an Heilsegoismus, Anmaßung und „Pharisäismus" einstellen? Ist es wirklich ein überhebliches Wort?

Im Folgenden soll der schlichte Versuch unternommen werden, die Heilige Schrift daraufhin zu befragen, was in ihr unter Wiedergeburt verstanden wird. Allein dies kann maßgebend sein für das, was die Christenheit von ihr sagt.

Das biblische Zeugnis von der Wiedergeburt

1. Wiedergeburt — ein biblischer Begriff?
Zum Vorkommen des Wortes

Ein Blick in die Konkordanz ergibt zunächst ein erstaunlich dürftiges Ergebnis.

Im ganzen Alten Testament kommt das Wort überhaupt nicht vor. Im Neuen Testament nur zweimal. Von diesen zwei Stellen ist die eine überdies in einem ganz anderen als dem geläufigen Sinn zu verstehen. Sie findet sich im Matthäus-Evangelium in der Geschichte vom reichen Jüngling. Im Nachgespräch Jesu mit seinen Jüngern fragt Petrus ihn: „Wir haben alles verlassen. Was wird uns dafür?" Worauf Jesus antwortet: „Wahrlich ich sage euch: Ihr, die ihr mir seid nachgefolgt, werdet dereinst bei der *Wiedergeburt,* da des Menschen Sohn wird sitzen auf dem Thron seiner Herrlichkeit, auch sitzen auf zwölf Thronen und richten die zwölf Stämme Israels" (Matth. 19, 28).

Wiedergeburt ist hier die mit dem Gericht über die Welt am Ende der Tage zusammenhängende Erneuerung der Schöpfung[30].

Es bleibt für uns also nur eine einzige Stelle übrig, Titus 3, 5, wo der Apostel vom „Bad der Wiedergeburt" spricht.

---

[30] Vgl. 2. Petr. 3, 13. In der Berufung auf eine Stelle wie Matth. 19, 28 hat übrigens der theologische Entwurf J. Moltmanns seine gewisse, wenn auch einseitige Berechtigung. Der Evangelist Lukas bringt in einem ähnlichen Spruch Jesu statt des Wortes Wiedergeburt die Wendung „in meinem Reich" Luk. 22, 30.

Und zwar ist Wiedergeburt hier, im Unterschied zu seiner Bedeutung in Matth. 19, 28, eine gegenwärtige Größe, die auf ein Ereignis der Vergangenheit („hat uns gerettet") zurückblicken läßt.

Sollte das Zeugnis von der Wiedergeburt also nur eine Erscheinung am äußersten Rande der Schrift sein und deshalb mit vollem Recht in der Kirche ein gleiches Dasein fristen?

In die gleiche Richtung könnten auch die Einwürfe vieler Ausleger des Neuen Testaments weisen. Sie machen darauf aufmerksam, daß die Vorstellung von Wiedergeburten in der Welt der griechisch-orientalischen Religionen, in die hinein das junge Christentum stieß, sehr geläufig war. Allerdings – die literarischen und archäologischen Belege sind wesentlich spärlicher als diese These vermuten läßt, und sie entstammen ausnahmslos antiken Texten, die jünger sind als das Neue Testament[31].

Wichtiger aber ist eine andere Beobachtung: Das Wort „Wiedergeburt" steht in der Schrift gar nicht so allein da, wie der erste lexikalische Befund erwarten lassen könnte. Dieser biblische Zusammenhang aber macht das Wort unterscheidbar von möglichem Vorkommen in anderen Religionen und zeigt seine wichtige Funktion innerhalb des gesamtbiblischen Zeugnisses.

Am nächsten kommen dem Wort Wiedergeburt zwei Stellen im 1. Petrusbrief. Und zwar ist hier nicht das Substantiv Wiedergeburt gebraucht, sondern ein entsprechendes Verb: „Gelobt sei Gott, der Vater unseres Herrn Jesus Christus, der uns nach seiner großen Barmherzigkeit *wiedergeboren* hat zu einer lebendigen Hoffnung durch die Auferstehung Jesu Christi von den Toten" (1. Petr. 1, 3). „... als die da *wiedergeboren* sind nicht aus vergänglichem Samen ... nämlich aus dem lebendigen Wort Gottes, das da bleibt" (1, 23).

An beiden Stellen ist das griechische Wort *anagennan* gebraucht (= von neuem oder wieder zeugen oder gebären).

---

31 Vgl. F. Büchsel, Art. ginomai in ThW I, S. 685 ff.

In ihm ist der Gedanke der Wieder*geburt* sogar noch deutlicher ausgedrückt als in dem sonst für das Substantiv gebrauchten griechischen Wort *palingenesia*, das wörtlich eigentlich nur Wiederentstehung bedeutet, aber dann doch im Sinne von Wiedergeburt (bzw. -zeugung)[32] gebraucht wurde.

Ähnlich wie Petrus spricht Jakobus von einer Zeugung durch das Wort: „Er hat uns gezeugt *(apekyesen)* nach seinem Willen durch das Wort der Wahrheit" (Jak. 1, 18).

Weiter wären die wohl bekanntesten biblischen Belege für das Zeugnis von der Wiedergeburt zu nennen, eine Reihe Verse im 3. Kapitel des Johannes-Evangeliums, besonders die Verse 3 und 7, wo von einem „von oben" (und zugleich: von neuem) geboren werden die Rede ist. Daneben gibt es dann bei Johannes noch eine große Zahl Stellen, die einfach von einem „geboren werden" aus Gott sprechen (Joh. 1, 13; 3, 5. 6. 8; 1. Joh. 2, 29; 3, 9; 4, 7; 5, 1. 4. 18).

An einigen Stellen aber ist, und dieser Zusammenhang scheint mir sehr wichtig zu sein, im gleichen Atemzug, sozusagen in erläuternder Parallele, vom Kind-Gottes-Werden bzw. -Sein die Rede: Joh. 1, 12; 1. Joh. 3, 1 f. (vgl. 2, 29); 3, 10 (vgl. Vers 9); 5, 2 (vgl. Vers 1 und 4).

Damit hat sich der Kreis um das Wort Wiedergeburt schon beträchtlich erweitert.

Im Anschluß an das Zeugnis des Johannes vom Gezeugtwerden aus Gott und der Gotteskindschaft sind schließlich auch die großen Paulusbriefe heranzuziehen, und zwar vor allem Gal. 3, 26–4, 7 und Röm. 8, 14 ff.

---

[32] Vgl. zu dieser Unterscheidung Anmerkung 40 zu Joh. 3. Rein sprachlich sind beide Übersetzungen möglich.

2. Was ist Wiedergeburt?
Zur Bedeutung des Wortes in der Bibel

Um die Bedeutung des biblischen Zeugnisses von der Wiedergeburt herauszuarbeiten, sollen im folgenden einige der eben angeführten Stellen herausgegriffen und unter der Frage, was sie für das Verständnis von Wiedergeburt ergeben, kurz ausgelegt werden.

a) Titus 3, 3–7

Beim ersten flüchtigen Blick auf Tit. 3 hatten wir schon festgestellt, daß Wiedergeburt hier ein in der Vergangenheit liegendes Ereignis ist: „... rettete er uns ... durch das Bad der Wiedergeburt" (V. 4 f.). Und zwar ein Ereignis in der Vergangenheit derer, die – wie dem Zusammenhang nach zumindest Paulus und Titus sowie die diesem anvertrauten Christen – zur Gemeinde gehören.

Dies Ereignis markierte einen scharfen Bruch im Leben des einzelnen: Der Zeit nach diesem Ereignis („Als aber erschien..." V. 4) wird die Zeit vor ihm („Denn auch wir waren einst..." V. 3) gegenübergestellt. Letztere wird durch einen Katalog von Lastern gekennzeichnet: „... wir waren einst unverständig, ungehorsam, in Irrtum befangen, den Begierden und mancherlei Lüsten dienend, in Schlechtigkeit und Neid unser Leben führend, abscheulich, einander hassend" (V. 3).

In dieses Leben ist die Wiedergeburt hineingekommen als ein Bruch, der sich bis in den Bereich des Sichtbaren, Feststellbaren auswirkt. Denn die eben aufgezählte Charakteristik trifft auf das Leben nach diesem Bruch nicht mehr zu; sie steht unter dem „Einst". Das „Jetzt" dagegen ist gekennzeichnet durch den ermahnenden Zuspruch, wie er in diesem Brief etwa in 2, 1 ff. angedeutet ist: „... gesund im Glauben, in der Liebe, in der Geduld" (V. 2) (Vgl. 1. Petr. 2, 1 f.).

Dieser Wandel aber tritt nun nicht etwa dadurch ein, daß Menschen dieses tun und jenes lassen. Ausdrücklich und eindeutig sagt der Apostel in 3, 5: „... nicht aus Werken der Gerechtigkeit heraus."

Es wird also nicht erwartet, daß wir uns zunächst selbst bessern. Überhaupt ist von keiner Voraussetzung bei uns die Rede. Nur eine einzige, allerdings schlechthin grundlegende Voraussetzung ist genannt: die geschichtliche Erscheinung Jesu Christi, unseres Heilandes (V. 6), die sozusagen „leibgewordene Güte Gottes"[33]. Der Wandel im Leben des Menschen wird ausschließlich durch das Eingreifen Gottes herbeigeführt.

Diese Beobachtung wird auch dadurch unterstrichen, daß der auf den Lasterkatalog von V. 3 folgende kleine Tugendkatalog („Güte und Menschenfreundlichkeit" V. 4; „Barmherzigkeit" V. 5) zunächst einmal nur das Verhalten Gottes kennzeichnet. Damit, daß *er* so ist, fängt alles an!

Worin dies rettende Eingreifen bestand, wird in V. 5 in zwei parallelen Satzgliedern erläutert: in einem

Bad der Wiedergeburt und
Erneuerung des Heiligen Geistes.

Der Genetiv im letzten Glied gibt das handelnde Subjekt an: Es ist der Heilige Geist, der hier erneuernd am Werk ist.

Diese Erneuerung nun wird im ersten Glied in einem Bild umschrieben, genauer gleich in zweien: dem Bild des *Bades*, das zur *Wiedergeburt* führt.

Nach der Überzeugung der meisten Ausleger weist das Bild des Bades darauf hin, daß hier an die Taufe gedacht ist. Man sollte diese Erkenntnis auch nicht um irgendeiner Position in den Fragen um Kindertaufe und Taufwiedergeburt willen bestreiten wollen. Denn von dieser Erkenntnis allein her können diese Fragen gar nicht entschieden werden.

Daß eine enge Verbindung von Taufe und Heiligem Geist – auf die eine oder andere Weise – in der Urchristenheit so

---

[33] So G. Holtz, Die Pastoralbriefe, ThHkzNT 13, Berlin 1965, S. 233 zu Tit. 3, 4.

gut wie selbstverständlich war, wird besonders deutlich etwa in der Apostelgeschichte[34]. Aber die Frage, ob Gleiches deshalb auch heute in einer ganz anderen inneren Situation der Gemeinde gilt, ist damit noch nicht entschieden. Eins aber ist dem für die Gemeinde damals bezeugten Zusammenhang von Taufe und Wiedergeburt auf jeden Fall zu entnehmen: Die Taufe weist zurück auf den Anfang des Christenstandes, und zwar den einmaligen, unwiederholbaren Anfang.

Zugleich stellt sie auch den Zusammenhang zwischen dem Wort von der Wiedergeburt und einer anderen wichtigen biblischen Überlieferung her, dem Wort vom Sterben (und Auferwecktwerden) mit Christus in Röm. 6 und Kol. 3. Die Entstehung neuen Lebens in der Wiedergeburt hat also zu tun mit Absterben der alten Lebensweise.

Vers 7 schließlich gibt das Ziel der Wiedergeburt an: „...damit wir... Erben werden gemäß der Hoffnung auf ewiges Leben."

„Ewiges Leben" – das ist in der Bibel kein bloß zeitlicher (= „nicht aufhörend"), sondern zugleich ein inhaltlich gefüllter Begriff: Leben in der ungetrübten Gemeinschaft mit Gott. In der Wiedergeburt wird sozusagen der rechtliche („Erbe" ist ein Begriff aus der Rechtssprache) Grund gelegt für die Teilhabe an diesem Leben. Wir werden so jetzt schon aus einem Denken, Hoffen und Fürchten, das um uns selbst und unsere Welt kreist, hineingenommen in die Ziele und Pläne Gottes.

Dabei ist hier eine auf den einzelnen bezogene Voraussetzung[35] genannt, die offensichtlich als mit der Wiedergeburt gegeben angesehen wird: „gerechtfertigt durch desselben (d. h. Jesu Christi) Gnade".

Mit dem Wort „gerechtfertigt" ist wieder der Zusammen-

---

[34] Zu Paulus vgl. etwa A. Oepke, Der Brief des Paulus an die Galater, ThHkzNT 9, 2. Aufl. Berlin 1957, S. 89, zu Gal. 3, 27: „Normalerweise darf bei den Getauften Glaube und Gehorsam vorausgesetzt werden — die Taufe ist noch Missions- und Bekehrungstaufe."
[35] Die Zeitform ist das Partizip Aorist.

hang mit einer anderen wichtigen biblischen Überlieferung, in der der Weg zum Heil Ausdruck findet, hergestellt: In der Wiedergeburt vollzieht sich die Rechtfertigung des Sünders allein aus Gnade.

Dieser Zusammenhang erweitert erneut den Horizont, in dem wir die Wiedergeburt zu verstehen haben: In ihr geschieht etwas, das ausgerichtet ist auf den Tag des endzeitlichen Gerichtes Gottes über die ganze Welt. Und es stellt jetzt schon eine Beziehung zu dem Weltrichter her: „Gerechtfertigt" bezeichnet ein neues, persönliches Verhältnis des Menschen zu Gott. Die schwebende Schuldfrage ist geklärt. Es wird sozusagen ein Vertrag geschlossen, ein Bündnis eingegangen, das rein auf Gnade gestellt ist.

Zusammenfassend sollen drei Beobachtungen herausgehoben werden:

— Wiedergeburt ist ein zeitlich-einmaliger Umbruch im Leben des einzelnen Menschen. Sie setzt einen neuen Anfang, der sichtbare Veränderungen im sittlichen Verhalten zur Folge hat.

— Dieser Umbruch geht einseitig auf Initiative des dreieinigen[36] Gottes zurück.

— Der Wiedergeborene steht als Gerechtfertigter in einem neuen Verhältnis zu Gott. Wiedergeburt ist eine personale Kategorie, keine natürlich-magische.

Es geht also in der Wiedergeburt nicht um eine Erneuerung des Menschen schlechthin, um ein Anderswerden an sich. Es geht zunächst nicht um Menschwerdung des Menschen, Befreiung aus seiner *Selbst*entfremdung. Sondern zunächst geht es um das Ende seiner Gottentfremdung, es geht zentral um die völlige Neuwerdung seines Verhältnisses zu *Gott*.

Zu ähnlichen Ergebnissen führt eine nähere Betrachtung von

---

[36] Die Formulierung „... Freundlichkeit ... *Gottes*, ... im *Heiligen Geist* ... durch *Jesus Christus* ..." (3, 4—6) ist auffallend.

b) Johannes 3, 1–16

Vers 3 stellt in knapper Schärfe heraus: Der Mensch kann so, wie er von Natur ist, das Reich Gottes nicht „sehen", d. h. nicht hineingelangen (V. 5 b)[37].

Vers 6 erläutert den gegenwärtigen Zustand des Menschen als „Fleisch" (sarx). Mit diesem Wort ist der Mensch einerseits in seiner Hinfälligkeit und Vergänglichkeit als Geschöpf gekennzeichnet[38]. Zugleich aber bezeichnet es hier das sich *gegen* seinen Schöpfer auflehnende Geschöpf, das sich in der Situation des murrenden Volkes Israel in der Wüste befindet (V. 14) und dem Gericht schon verfallen ist (V. 18b).

Diese Verfallenheit an die Sünde ist so vollkommen, daß nur neue[39] Geburt[40] rettet, völlige Erneuerung des Menschen von Grund auf (V. 3. 5. 6. 7. 8).

Die Erwähnung des Wassers in V. 5 ist wieder ein Hinweis auf die Taufe[41] und damit auf das Sterben des „alten Menschen" in der Buße[42]. Dies ist bis heute eine äußerst anstößige Aussage: Alle Aktivierung, alle Begeisterung von Menschen für Erneuerung und Reform ist vor Gott zum Scheitern verurteilt. Keine Steigerung unserer Kräfte hilft

---

[37] Vgl. 3, 36; Luk. 2, 26; Apg. 2, 27; 1. Petr. 3, 10.

[38] Vgl. 1. Petr. 1, 24.

[39] Das gr. Wort *anothen* bedeutet räumlich „von oben", zeitlich „von neuem".

[40] Für *gennethenai* hat sich die Übersetzung „geboren werden" eingebürgert. Entsprechend dem semitischen Hintergrund der Überlieferung des Johannes-Evangeliums müßte es eigentlich mit „gezeugt werden" übersetzt werden als Ausdruck für die männliche Funktion im Unterschied zur weiblichen. Letztere steht in hellenistischer Frömmigkeit im Vordergrund. Sie drückt nicht in gleicher Weise wie das von semitischer Tradition bevorzugte „gezeugt werden" den radikalen Neuanfang jenseits aller unserer Möglichkeit allein von Gott her aus. Vgl. O. Michel, Jesus der Jude, in Ristow/Matthiae (Hrsg.), Der historische Jesus und der kerygmatische Christus, 3. Aufl. Berlin 1964, S. 313, Anm. 6.

[41] Vgl. Joh. 4, 1.

[42] Vgl. Schniewind, Das biblische Wort von der Bekehrung, Göttingen 1948, S. 8 „Taufe heißt Tod", mit Hinweis auf Mark. 10, 38 und Luk. 12, 50.

wirklich weiter, sondern wir müssen zunächst in das Sterben unserer eigenen Bemühung und Hoffnung hinein.

Daneben aber wird nun positiv die Neugeburt als entscheidende Wende angekündigt, herbeigeführt durch das Wirken des Geistes Gottes (V. 5. 6. 8). Als geistgewirkt bleibt sie zunächst in ihrer Entstehung ganz Geheimnis: „Der Wind bläst, wo er will, und du hörst sein Sausen wohl; aber du weißt nicht, woher er kommt und wohin er fährt" (V. 8 a). Sie ist ein Wunder, der Machbarkeit des Menschen radikal entzogen – entsprechend der völligen Verfallenheit des Menschen und der Wirkweise des Geistes Gottes in Verborgenheit.

Und doch bleibt Jesus bei der negativen Antwort auf die „Wie"-Frage des Nikodemus nicht stehen. „Wir wissen (!)", sagt er, „was wir reden, wir bezeugen, was wir gesehen (!) haben" (V. 11).

In Vers 15 und 16 folgt dann der Hinweis auf die Erhöhung des Menschensohns und die Einladung zum Glauben an den für uns dahingegebenen Sohn Gottes.

Spätestens hier wird jedes bisher etwa noch mögliche bloß formale oder technische Mißverständnis der Wiedergeburt gesprengt: Wiedergeburt vollzieht sich da, wo es zum Glauben an Jesus kommt, der die Sünde der Welt und damit auch meine am Kreuz getragen hat (1, 29).

„Und nun ist es wie in der Geschichte von der Schlange in der Wüste: Wer, von den Schlangen gebissen, zur ehernen Schlange aufschaute, blieb am Leben. Den Gekreuzigten, Auferstandenen schauen, das heißt ewiges Leben. Er hat den Todesmächten, die uns in ihren Bann schlagen, Recht und Macht genommen. Und ihn schauen wir, er wird uns vor Augen gemalt, sooft wir sein Wort hören. Da will er selbst gegenwärtig sein; und man kann ihm glauben und trauen als einem Gegenwärtigen."[43]

---

[43] J. Schniewind, Von der Neugeburt — Das Gespräch Jesu mit Nikodemus, in: J. Schniewind, Zur Erneuerung des Christenstandes, Göttingen 1966, S. 30.

Ebenso weisen auch in Vers 16 die Stichworte „Liebe" auf seiten Gottes und „Glaube" auf seiten des Menschen auf ein höchst personales Geschehen hin.

Mit dem allen soll keine „Erklärung" des Wunders der Wiedergeburt gegeben werden. Die Liebe Gottes zum Sünder ist ja unbegründbar, wunderhaft im wahrsten Sinn. Aber es soll ein doppeltes Mißverständnis des Wunders abgewiesen werden:

Einmal das „transzendentalistische" Mißverständnis, in dem man meint, Wiedergeburt sei und bleibe ein rein jenseitiges, unerfahrbares und unerkennbares Ereignis. Der Zusammenhang zeigt, daß dieses beliebte Verständnis von Joh. 3, 8 nicht haltbar ist.

Zum anderen das magische Mißverständnis, in dem man glaubt, es brauche nur etwas Bestimmtes „gemacht" zu werden – sei es Wassertaufe oder Nachsprechen eines Hingabegebets –, und sozusagen automatisch vollziehe sich das Wunder.

Vielmehr ist die Wiedergeburt ein wesentlich personales Geschehen zwischen Gott und einem Menschen. Als solches Geschehen ist es wortgebunden (V. 11–13)[44]. Damit aber ist es in gewisser Weise immer auch „vernünftig" – sofern Wort auf Vernehmen zielt.

Eigenartigerweise bricht das Gespräch Jesu mit Nikodemus ab, ohne weiter auf eine etwa erfolgte Wirkung bei Nikodemus einzugehen[45]. Vielleicht aber kann die Erzählung von der Samariterin in Joh. 4 als Beispiel dafür dienen, wie sich das, was in Joh. 3 grundsätzlich gesagt ist, im Leben eines Menschen vollzieht, in Aufdeckung der Schuld und Offenbarung des Heilands der Welt (4, 18. 42).

---

[44] Vgl. auch 1. Petr. 1, 23 f.; Jak. 1, 18.
[45] Vgl. aber spätere Erwähnung in 7, 50 und 19, 39.

c) Galater 4, 1–7

Ein ganz neuer Gesichtspunkt kommt in den großen Paulusbriefen hinzu.

Zwar weiß Paulus auch hier – entgegen der Annahme mancher Ausleger[46] – von Zeugung aus Gott zu sprechen: Nach Gal. 4, 29 verfolgte der nach dem Fleisch Geborene „den, der nach dem Geist geboren war"[47]. Und solche, die durch ihn, Paulus, zum Glauben kamen, nennt er seine Kinder, die er (d. h. der Heilige Geist durch des Paulus Zeugnis) „gezeugt" habe (1. Kor. 4, 15; Gal. 4, 19; Philemon 10).

Wie im 1. Johannesbrief Kinder Gottes und Kinder des Teufels (3, 10), so können bei Paulus Kinder des Lichtes und Kinder eines „verdrehten Geschlechts" gegenübergestellt werden (Phil. 2, 15; vgl. 1. Thess. 5, 5).

Daneben aber begegnet uns ein ganz anderer Gegensatz: der zwischen Kind und Knecht (Gal. 4, 7). Anders als bei Johannes steht hier nicht die *Herkunft* der Kindschaft (*ek theou*, „aus" Gott) im Blickpunkt, sondern ihr *gegenwärtiger Stand*. Und zwar wird er im Unterschied zu dem des Knechtes gekennzeichnet als der des Freien: frei vom Gesetz als Weg zum Heil, frei von der Notwendigkeit, von Gesetz und drohendem Gericht zum Gehorsam gegen Gott gezwungen werden zu müssen (vgl. 4, 21 ff.; 5, 1).

Im gleichen Sinne spricht Paulus in Röm. 8 von der „herrlichen Freiheit der Kinder Gottes" (V. 21). Der in der Gewißheit um Gottes Liebe gründende Gebetsruf „Abba, lieber Vater" (Röm. 8, 15; Gal. 4, 6) ist Ausdruck dieses neuen, innerlich freien Verhältnisses zu Gott. Zugleich aber ist er auch Ausdruck einer Verbundenheit, die über bloß rechtliche Begriffe (Rechtfertigung, Erbe) hinausgeht.

Immerhin ist durch die Gegenüberstellung mit dem Begriff „Knecht" deutlich: Bei dem Begriff „Kind" ist hier jeden-

---

[46] Vgl. z. B. C. K. Barrett, The Gospel according St. John, London 1958, S. 172: „The notion of supernatural begetting . . . is not found in Paul".

[47] *gennetheis kata pneuma*, vgl. V. 28 *epaggelias tekna* „Kinder der Verheißung".

falls eine vorausgehende Zeugung gedanklich gar nicht im Blick. „Kind" ist vielmehr nur bildhafte Beschreibung eines gegenwärtigen Zustandes, und „Kindschaft" (*huiothesia*, V. 5) kann auch die Bedeutung der durch Adoption hergestellten Rechtsstellung haben[48].

Damit rückt der Bildcharakter des Zeugnisses von der Wiedergeburt in unseren Blick. Das Ereignis der Wiedergeburt kann offensichtlich auch mit einem anderen Bild – etwa dem der Adoption – beschrieben werden.

Diese Erkenntnis bewahrt uns vor einer möglichen schwerwiegenden Überinterpretation des Wortes Wiedergeburt. Im vollen Wortsinn ernstgenommen, könnte Wiedergeburt nämlich als geradezu physisch-biologisches Ereignis verstanden werden. Der Wiedergeborene wäre dann in sich selbst anders, von göttlicher Qualität und Substanz[49]. Der Unterschied zwischen Schöpfer und Geschöpf wäre aufgehoben, die auch im Christen noch wirksame Sünde (Röm. 7) wäre verharmlost, der Mensch in die Unabhängigkeit[50] und anmaßende Sicherheit des Selbst-etwas-Seins vor Gott geführt. Der Abfall, mit dessen Möglichkeit das Neue Testament ganz selbstverständlich rechnet, wäre unmöglich geworden – oder nur als Wunder der Rückverwandlung denkbar. Aber von solcher Deutung des Abfalls findet sich in der Schrift keine Spur.

Vor allen diesen Verirrungen werden wir bewahrt, wenn uns bewußt bleibt: Wiedergeburt ist kein selbständiges Ereignis neben anderen, die im strengeren Sinn eigentlich so zu verstehen sind, wie Berufung, Rechtfertigung oder Heiligung. Sondern Wiedergeburt ist ein anschauliches Bild für etwas, das auch mit anderen Begriffen bezeichnet werden kann und streng im Zusammenhang mit ihnen verstanden werden muß.

---

[48] A. Oepke, Der Brief des Paulus an die Galater, ThHkzNT 9, S. 97; vgl. O. Michel, Der Brief an die Römer, 12. Aufl. Göttingen 1963, S. 197 (zu Röm. 8, 15).

[49] Vgl. auch O. Rodenberg, Heiliger Geist — ein undeutliches Wort? in: Theologische Beiträge, 2. Jahrgang/1971, S. 169.

[50] O. Rodenberg ebda.

Damit werden wir zu einer die bisherigen Ergebnisse zusammenfassenden Frage geführt:

d) Was ist das Unersetzbare am Bildwort „Wiedergeburt"?
Zunächst mag nach dem eben Gesagten der Eindruck entstehen, als sollte nun doch das Verständnis des Zeugnisses von der Wiedergeburt in eine bloße Änderung der Verhältnisse aufgelöst werden, der Mensch selbst aber bliebe derselbe.

Doch wer ist das eigentlich: „der Mensch selbst"? Die eben geäußerte Vermutung setzt stillschweigend eine bestimmte, weitverbreitete Antwort auf diese Frage voraus. Danach ist der Mensch ein in sich geschlossenes, unteilbares („Individuum") Wesen, das schöpferische, von der Welt letztlich unabhängige, absolute Ich. Diese Sicht des Menschen liegt auch bei den oben geschilderten Mißverständnissen der Wiedergeburt zugrunde und spielt in ihnen eine verhängnisvolle Rolle.

Tatsächlich widerspricht dieses Bild vom Menschen dem, das die Bibel von ihm zeichnet. Nach ihr ist der Mensch ein in jeder Hinsicht abhängiges Geschöpf, das in seiner ganzen Existenz in vielfältigen, unlöslichen Zusammenhängen steht. Gerade was ihn am ehesten vor anderen Geschöpfen auszeichnet, sein unauswechselbares Personsein, besteht ja gar nicht unbedingt in seinem Selbstsein, sondern seinem Angelegtsein auf das Du hin, seinem Bezogensein auf Mitmenschen – und vor allem auf Gott.

Wenn also die Wiedergeburt erläutert wurde als Beginn eines neuen Verhältnisses zu Gott, so ist auf dem Hintergrund des eben skizzierten offenen Personbegriffs dieses neue Verhältnis nicht etwas, was dem Menschen sozusagen wie ein Kleid übergezogen wird, sondern ihn bis in sein Wesen hinein bestimmt und verändert.

Doch nun zurück zur Ausgangsfrage unseres Abschnitts: Sind Wiedergeburt einerseits und etwa Rechtfertigung und Heiligung andererseits auswechselbare Begriffe, so daß man den ersten, möglicherweise problematischeren Begriff auch ganz fallenlassen könnte? Oder was ist das Unersetzbare an dem Bildwort „Wiedergeburt"?

1. In keinem anderen in Frage kommenden Symbolwort wird so klar die *Alleinaktivität Gottes* und die Passivität des Menschen bei seiner Rettung zum Ausdruck gebracht. Während zur Bekehrung aufgefordert wird[51], begegnet uns das Wort Wiedergeburt bzw. ein entsprechendes Verb verständlicherweise nie in der Form des Imperativs. Die Wiedergeburt bezeichnet also die Rettung und Erneuerung des Menschen als alleiniges Tun Gottes durch Jesus Christus im Heiligen Geist.

2. Kein anderes Symbolwort gibt so nachdrücklich der *Neuheit des Lebens* des Christen Ausdruck wie das von der neuen Geburt. Am nächsten kommen ihr sonst noch etwa die Aussagen über die „neue Kreatur" (Gal. 6, 15; 2. Kor. 5, 17).
Kein anderes Wort zeigt zugleich so scharf die Tod- und Gerichtverfallenheit des natürlichen Menschen. Eine „Besserung" genügt nicht mehr. Eine Entwicklung ist aussichtslos.
Gelegentlich wird dem entgegengehalten, daß mit solcher „Schwarzmalerei" der Mensch entwürdigt und zur Passivität verleitet werde. Aber dies nur taktische Argument scheut die Konfrontation mit der Wirklichkeit des Menschen und verharmlost seine Situation vor Gott. Diese Verharmlosung ist vielleicht der tiefste Schaden in der gegenwärtigen Verkündigung der Kirche. Das Wort von der Wiedergeburt legt den Finger unnachsichtig in diese lebensgefährliche Wunde.

---

[51] Über das Verhältnis von Wiedergeburt und Bekehrung zueinander wäre gesondert zu handeln. Angedeutet sei wenigstens, daß mit der Betonung der Alleinaktivität Gottes im Blick auf die Wiedergeburt selbstverständlich die Berechtigung und Notwendigkeit des Imperativs bei der Bekehrung (Matth. 3, 2; 4, 17) nicht in Frage gestellt wird.

3. Kein Symbolwort bezeichnet so deutlich die *Geschichtlichkeit des neuen Lebens*. Gelegentlich wird wohl gesagt, die Wiedergeburt sei ein Prozeß, der das ganze Leben eines Menschen umfasse[52]. Aber diese Deutung schlägt nicht nur dem Wortsinn ins Gesicht (man wird nicht dauernd geboren), sie ist auch, wie wir sahen, vom Zusammenhang in der Schrift her nicht gedeckt. Vielmehr ist die Wiedergeburt der unwiederholbare, einmalige geschichtliche Anfang des neuen Lebens, d. h. sowohl der Rechtfertigung wie der Heiligung.

Von daher gesehen ist auch die gelegentliche Ineinssetzung der Wiedergeburt mit Rechtfertigung[53] oder Heiligung[54] nicht haltbar. Diese beiden erstrecken sich tatsächlich über das ganze Leben des Christen. Er steht täglich in der Heiligung. Ebenso bedarf er täglich neu bis in die letzte Stunde hinein der Vergebung seiner Sünde. Die Wiedergeburt steht aber am Anfang dieses Prozesses, und nur dort.

Eine andere Frage ist, welche Gestalt die Wiedergeburt im Leben verschiedener Menschen gewinnt. Nach dem Zeugnis des Neuen Testament ist – vielleicht auch entsprechend der damaligen Situation der Gemeinde – die Erfahrung der Wiedergeburt als eines auf kleinen Zeitraum zusammengedrängten Ereignisses das Normale, wie auch die Verbindung mit der Taufe zeigt. Daneben kann das Wirken des Geistes zur Wiedergeburt sich aber auch über längere Zeit hinziehen, ja nach außen hin die Gestalt einer Entwicklung annehmen. Sie ist aber nie Entwicklung von natürlich Vorhandenem, sondern führt immer durch einen grundsätzlichen Bruch hindurch, der früher oder später deutlich wird.

Wird die Wiedergeburt so als einmaliges, erfahrbares Er-

---

[52] Vgl. oben S. 5 ff.

[53] So vor allem in lutherischer Überlieferung, vgl. FC SD III,19 „Iustificatio est regeneratio" (Rechtfertigung ist Wiedergeburt).

[54] So vor allem in reformierter Überlieferung, vgl. Calvin, Inst. III,11,1: „Einerseits werden wir durch seine Unschuld mit Gott versöhnt . . . und andererseits werden wir durch seinen Geist *geheiligt* . . . Von dieser Wiedergeburt, welche die zweite Gnade darstellt . . ." (Zitiert nach der Übersetzung von O. Weber, Neukirchen 1963, S. 471).

eignis verstanden, folgt daraus die Möglichkeit einer Unterscheidung von Wiedergeborenen und (noch) Nichtwiedergeborenen.

Diese Konsequenz erfährt in der Regel innerhalb der Kirche leidenschaftlichen Widerspruch. Wir haben gesehen, daß dieser Widerspruch keinen Grund in der Schrift hat, seine Argumentation vielmehr ein falsches Verständnis von Wiedergeburt voraussetzt, als wäre sie ein menschliches Werk. Seine gefühlsmäßige Kraft gewinnt dieser Widerspruch nicht selten aus dem inneren Widerstand des natürlichen Menschen:

„Im Grunde gibt es wenig Menschen, die weltliche Pfarrer schätzen, die fünfe gerade sein lassen und eine Mischung servieren, in der weder Kraft noch Ernst ist. Man schätzt vielmehr Pfarrer, die so streng und ergreifend predigen, daß ihnen und den Zuhörern Tränen kommen[55]. Wohlgemerkt: man schätzt den Pfarrer, solange er nicht von Umkehr und Wiedergeburt spricht, solange er nicht den Trennungsstrich zieht zwischen Wiedergeborenen und Nichtwiedergeborenen."[56]

Die Kirche ist weithin zur Erziehungsanstalt geworden, in der man Schritt für Schritt einiges lernen kann, zum Tun von diesem und jenem angeregt wird. Das sei nicht geringgeschätzt. Die Kirche erfüllt auf diese Weise eine kulturelle Funktion, die – im Rahmen des ersten Artikels – durchaus auch in den Linien Gottes liegt. Verhängnisvoll aber ist es, wenn darüber die entscheidende Frage nach dem ewigen Heil des Menschen überspielt wird und damit auch das Zeugnis von der Wiedergeburt ins Abseits gerät.

4. Die Wiedergeburt begründet ein persönliches Verhältnis des einzelnen Christen zu Gott: die Kindschaft, das Vater-Kind-Verhältnis.

---

[55] Heute würde man vielleicht besser formulieren: so engagiert, daß ihnen und den Zuhörern der Zorn über die „linken" Revolutionäre oder die „rechten" Ausbeuter kommt.

[56] O. Hallesby, Wie ich Christ wurde, 5. Taschenbuchauflage Wuppertal 1959, S. 80.

Dieses Verhältnis zeichnet sich durch folgende Merkmale aus:

a) Das Moment des Bleibens ist sehr stark im Wortsinn „Wiedergeburt" mitgegeben[57]. Kindschaft ist etwas Dauerndes, Unaufhebbares – im Unterschied etwa zur Freundschaft. Sie ist eine Aussage über ein Sein, philosophisch ausgedrückt: eine geradezu seinsmäßige (ontische) Kategorie[58]. Das Christsein besteht keineswegs bloß im Werden, sondern durchaus auch im Sein.

Damit ist keineswegs gesagt, daß der Wiedergeborene schon am Ziel und vollkommen, ohne Sünde sei. Das „zugleich gerecht und Sünder" (simul iustus et peccator) gilt ja eigentlich überhaupt erst vom Wiedergeborenen! Erst bei ihm fängt ja jener Kampf an, den Röm. 7 so bewegend schildert. Aber der, der uns einst endgültig aus diesem Streit erlösen wird, Jesus, ist im Heiligen Geist jetzt schon wirklich in das Leben des Christen eingetreten.

Das dadurch entstandene neue Leben konzentriert sich dabei zunächst noch auf den personalen Bereich, der leibliche, kosmische ist noch stärker Gegenstand der Hoffnung. „Noch ist nicht erschienen, was wir sein werden" (1. Joh. 3, 2)[59]. Noch ist der Christ nicht vollkommenes Kind Gottes, aber er ist vollkommen Kind Gottes[60].

b) Der aus der *Freiheit der Kinder Gottes* aufbrechende Ruf „Abba, lieber Vater" ist ein adäquaterer Ausdruck für die Wirklichkeit des neuen Lebens als alle Abstraktionen der Rechtfertigungslehre.

---

[57] Vgl. auch 1. Petrus 1, 23 den Gegensatz zwischen vergänglichem Samen und dem bleibendes Leben schaffenden Samen des Wortes.

[58] Vgl. bes. 1. Joh. 3, 1 f.: „Sehet, welch eine Liebe hat uns der Vater erzeigt, daß wir Gottes Kinder sollen heißen, und es auch *sind!"*

[59] Vgl. auch Röm. 8, 23; Matth. 19, 28.

[60] Vgl. J. T. Beck, Die christliche Lehrwissenschaft nach den biblischen Urkunden I, 2. Aufl. Stuttgart 1875, S. 535: „... der Mensch ist, wie Gott im Mittler sein Gott und Vater, so in demselben ein *Gottesmensch* (2. Tim. 3, 17) geworden, zwar nur *anfangsweise,* Kind Gottes, aber darum doch so gewiß und wirklich Mensch Gottes, als ein Kind Mensch ist ..."

c) Beachtenswert gerade in unserer heutigen Gesprächs-
situation ist schließlich der ebenfalls in dem Zeugnis von
Wiedergeburt und Gotteskindschaft angelegte *soziale
Aspekt*. Er kommt klassisch in 1. Joh. 5, 1 zum Ausdruck:
„Wer da glaubt, daß Jesus sei der Christus, der ist von
Gott geboren; und wer da liebt den, der ihn geboren hat,
der liebt auch den, der von ihm geboren ist."[61]
Auch wenn hier der Nichtchrist zunächst noch nicht im
Blick ist, so ist doch ein sozusagen organischer Ansatz für
die Verwirklichung von menschlicher Gemeinschaft frei von
Eigennutz gegeben. Dieser Aspekt ist so in keinem anderen
Begriff, der die Erlangung des Heils beschreibt, mitange-
sprochen, weder im Begriff der Rechtfertigung noch auch
dem der Heiligung.

Das Bruderwort aufgrund der gemeinsamen Gotteskindschaft ist Ausdruck tiefster Verbundenheit, nämlich in Gott
selbst. Deshalb ist es aber auch Ausdruck festester Verbundenheit. Sie ist unserer Verfügung entnommen. Bruderschaft kann nicht aufgesagt werden – es sei denn, der eine
oder andere fällt aus dem Glauben heraus. Bruderschaft
kann erschwert, verzerrt, verschüttet werden, aber es ist
nicht möglich, sie aufzulösen wie eine Freundschaft. Über
Bruderschaft entscheiden nicht wir, sondern ein anderer
hat über sie entschieden – in der Wiedergeburt.

Das Zeugnis von der Wiedergeburt ist also nicht ersetzbar
durch irgendein anderes. Ein Beispiel mehr dafür, daß wir
vorsichtig darin sein sollten, uns in unserem abstrahieren-
den Denken für klüger zu halten als die Sprache der Bibel.

---

[61] Vgl. 1. Petr. 1, 22 f.: „Haltet rein eure Seelen im Gehorsam der
Wahrheit zu ungeheuchelter Bruderliebe (philadelphia), und habt
euch untereinander beständig von Herzen lieb, als die da wiedergeboren sind . . ."

3. Wiedergeburt im Heilsplan Gottes

Wir sind dem biblischen Zeugnis von der Wiedergeburt sehr ins einzelne hinein gefolgt. Wir sollten nun einen Schritt zurücktreten, um einmal seinen Stellenwert im ganzen Zeugnis der Heiligen Schrift in den Blick zu bekommen.

Wir hatten schon gesehen, daß das Zeugnis von der Wiedergeburt im ganzen Alten Testament nicht vorkommt. Das ist kein Zufall.

Im Alten Testament ist, von der Erwählung Abrahams an („... ich will dich zu einem großen Volk machen" 1. Mose 12, 2), zunächst das Volk als Ganzes Gegenstand der Erwählung und Rettung. Wohl ist, vor allem in der Botschaft der großen Propheten vom zukünftigen Handeln Gottes, die Rede von Ausgießung des Geistes (Joel 3; Jes. 44; Hes. 36), von Erneuerung, bis hin zur Erneuerung des Herzens (Jer. 31).

Aber abgesehen davon, daß hier überall nicht in der Form der Feststellung von Gegenwärtigem, sondern der Verheißung von Zukünftigem gesprochen wird, ist auch hier zunächst immer Israel als Ganzheit, nicht so sehr der einzelne in ihm im Blick.

Näher kommt dem neutestamentlichen Zeugnis von der Wiedergeburt vielleicht Ps. 51, 12: „Schaffe in mir, Gott, ein reines Herz, und gib mir einen neuen, gewissen Geist." Aber trotz aller formalen Nähe – von Wiedergeburt im vollen Sinn ist hier eben doch nicht die Rede[62].

Am ehesten echte Ausnahme scheint Ps. 2, 7 zu sein: „Du bist mein Sohn, heute habe ich dich gezeugt." Aber diese

---

[62] Vgl. H. J. Kraus, Psalmen I, in: Biblischer Kommentar Altes Testament XV,1, 3. Aufl. Neukirchen 1966, S. 389: „Nur Gottes freie, schöpferische Tat kann das Innere des Menschen erneuern. Das ist die aus dem Alten Testament steil emporragende Erkenntnis der in Ps. 51 geäußerten Bitten ... Der Beter ... appelliert also mit seinem Bitten an die großen prophetischen Verheißungen, die bei Jeremia und Ezechiel über den alten Bund hinausweisen."

Stelle bezieht sich nicht auf irgendeinen einzelnen in Israel, sondern ausschließlich auf den Gesalbten Gottes und, in prophetischer Aufnahme dieses Zeugnisses, auf den endzeitlichen Messias, ja schließlich den einen einzigen Sohn (Hebr. 1, 5).

Zwar begegnet uns im Alten Testament gelegentlich der Begriff der „Kinder (bzw. Söhne) Gottes" (5. Mose 14, 1; Hos. 2, 1). Aber auch dies Wort bezieht sich jeweils auf das ganze Volk Israel und dient als Ausdruck für seine Erwählung[63].

Welche Bedeutung hat nun die Einführung des Zeugnisses von der Wiedergeburt im neutestamentlichen Teil der Heiligen Schrift innerhalb ihres Gesamtzeugnisses?

Zunächst möchte ich in einer Vorbemerkung dem möglicherweise aufkommenden Eindruck vorbeugen, als sollte mit der Feststellung, daß das Wort von der Wiedergeburt erst neutestamentlich sei, das Alte Testament in irgendeiner Weise abgewertet oder gar sein Offenbarungscharakter bestritten werden. Die Beobachtung eines Unterschiedes in diesem Punkt zieht keinesfalls eine theologische Wertung nach sich, sondern ist nichts weiter als ein Hinweis auf die Geschichtlichkeit der Bibel. Sie ist kein systematisches Lehrbuch, sondern erzählt die Geschichte der Wege Gottes zum Heil der Menschen. Der genannte Unterschied hat darin seinen Grund, daß Gott zur einen Zeit einen anderen Weg einschlug als zur anderen Zeit.

Das ganze Alte Testament ist vor allem von einem Weg geprägt: dem der Erwählung des Volkes Israel. Dieser Weg begann mit der Berufung des Stammvaters Abraham und endete, jedenfalls vorläufig (Röm. 11), vor den Toren Jerusalems im Weheruf Jesu über diese Stadt (Matth. 23, 37 ff.). Zugleich war aber der neue Weg Gottes schon angebahnt. Seine entscheidende und bleibende Voraussetzung war die Sendung des Sohnes und sein Leiden und Sterben für die Sünde seines Volkes und der ganz Welt.

---

[63] Vgl. 5. Mose 14, 2; 32, 5 f.

Die Verwirklichung des neuen Weges beim Menschen aber ist in besonderer Weise angezeigt durch das Stichwort „Wiedergeburt".

Worin besteht die Neuheit dieses Weges gegenüber dem bisherigen?

a) Im Stichwort „Wiedergeburt" ist eine *Individualisierung* oder auch Vereinzelung des Weges Gottes angezeigt.

Der Weg über das Volksganze war am immer neu aufbrechenden Widerstand des Volkes Israel gescheitert. Deshalb ging Gott, um es in einem uns geläufigen modernen Bild auszudrücken, sozusagen zur Guerillataktik über, zum Kampf Mann um Mann. Gott kämpft um den einzelnen, um ihn zum Werkzeug seines Heilswillens mit der ganzen Menschheit zu machen.

Wir leben heute in einer Zeit, in der der Mensch neu als Gemeinschaftswesen entdeckt wird und das Kollektiv modern ist. Das ist in mancher Hinsicht eine gute Entwicklung. Die Individualisierung in der Wiedergeburt ist ja auch nicht Ziel der Wege Gottes, sondern nur ein Wegstück. Allerdings ein nach biblischem Zeugnis notwendiges Wegstück. Man könnte einwenden, daß dieser Weg über den einzelnen gerade seit dem Neuen Testament auch anders als aus dem Ratschluß Gottes, nämlich aus einer schon lange vorher sich anbahnenden geistesgeschichtlichen Entwicklung heraus zu verstehen sei. So kann man im Denken Israels durchaus auch individualisierende Tendenzen feststellen[64]. Etwa seit der sogenannten „salomonischen Aufklärung"[65], vor allem in der Weisheitsliteratur[66]. Oder im Exil, als für die Verbannten das heilige Land und das Zentralheiligtum in Jerusalem verloren waren und statt dessen eine Konzen-

---

[64] Vgl. H. W. Wolff, Anthropologie des Alten Testaments, München 1973, § 24 Der einzelne und die Gemeinschaft, bes. S. 320.

[65] G. v. Rad, Theologie des Alten Testaments I, 4. Aufl. 1962, S. 62 ff.

[66] Vgl. z. B. zum Buch Hiob G. v. Rad, Weisheit in Israel, Neukirchen 1970, S. 267: „Man spricht, sicher mit Recht, von einer gewissen Verselbständigung des Individuums innerhalb der Kultgemeinde."

tration der Frömmigkeit auf den Gesetzesgehorsam des einzelnen einsetzte[67]. Diese Gesetzesfrömmigkeit verband sich später (unter hellenistischem Einfluß?) mit der Weisheitsüberlieferung. In ihr konnte sogar der (durch sein gottesfürchtiges Tun) Gerechte als Kind Gottes bezeichnet werden[68].

Aber Ratschluß Gottes und (auch fragwürdige) geistesgeschichtliche Entwicklung brauchen nicht unbedingt einander ausschließende Deutungsmöglichkeiten zu sein. Auch sonst weiß die Schrift davon zu berichten, daß Gott die Wege seiner Leute mitgeht, auch die Irrwege. So z. B. als Israel einen König „wie die Heiden" verlangte – und Gott ihn gab (1. Sam. 8, 5. 19 ff.).

Dieser Weg braucht deshalb auch keineswegs als Entwicklung zu „höherer Form der Religiosität" verstanden zu werden. Für Gott jedenfalls ist er zunächst einmal das Gegenteil. War schon der Weg des Schöpfers der Welt über die Erwählung eines Volkes ein Weg der Selbstbeschränkung und Selbstbindung, ja Selbstdemütigung gewesen, so gilt dies vom Weg über den einzelnen erst recht. Und das Leiden Gottes an seinem Volk, von dem Jes. 43, 24 ff. spricht, vervielfältigt sich jetzt unzählige Male.

Nun bedeutet Individualisierung des Weges Gottes allerdings nicht, daß die Christen nur als verstreute Einzelwesen in der Welt umherirren und die Kirche bestenfalls eine Addition solcher Einzelwesen wäre[69].

Tatsächlich ist es eine wichtige Erkenntnis der letzten Jahrzehnte in der Auslegung des Neuen Testaments, daß die Kirche nicht nur die Summe ihrer Glieder ist, sondern dem

---

[67] Vgl. Martin Noth, Geschichte Israels, 4. Aufl. Göttingen 1959, S. 300 f. 355.

[68] Weisheit Sal. 2, 13.

[69] Wie bei Schleiermacher, Der christliche Glaube, § 115 „Die christliche Kirche bildet sich durch das Zusammentreten der einzelnen Wiedergeborenen zu einem geordneten Aufeinanderwirken und Miteinanderwirken" (6. Ausgabe Berlin 1884, 2. Bd. S. 227).

einzelnen vorgegeben[70]. Sogar der alttestamentliche Begriff des Volkes Gottes kann auf die Kirche angewandt werden[71]. Doch geschieht das nicht im gleichen Sinne wie im Alten Testament. So sehr auch die Grenzen der Kirche im Neuen Testament im einzelnen nicht klar gezogen werden können, so ist wirkliche Zugehörigkeit zu ihr doch grundsätzlich unlösbar von Glaube und damit von Wiedergeburt.

b) Im Stichwort „Wiedergeburt" ist eine *Radikalisierung* des Gottesverhältnisses angezeigt.

Begründend für das in der Wiedergeburt gegebene Verhältnis zu Gott ist nicht allein die auch im Alten Bund unbegründet erwählende Liebe Gottes, die sich auch dort schon besonders dem Kleinen und Geringen zuneigt[72], sondern darüber hinaus zugespitzt die Feindesliebe Gottes (Röm. 5, 10). Und zwar, noch über den Weisheitsspruch Jesu in Matth. 5, 45 („Denn er läßt seine Sonne aufgehen über die Bösen und über die Guten") hinausgehend, die sich *bindende Feindesliebe Gottes*. Diese wiederum hat ihren geschichtlichen Grund und Anhaltspunkt im sühnenden Opfer des Sohnes am Kreuz.

In der Gewißheit um diese Feindesliebe Gottes wurzelt die unvergleichliche Freiheit der Kinder Gottes und damit die wirkliche Neuheit des in der Wiedergeburt geschenkten Lebens. Unser Verhältnis zu Gott ist hier auf keine Vor- oder Nachleistung irgendeiner Art gestellt, sondern auf Gnade und deshalb Glaube allein.

Mit solcher in der Wiedergeburt gegebenen Bindung an den einzelnen riskiert Gott viel, nämlich die Dauerblamage.

---

[70] Vgl. O. Michel, Das Zeugnis des Neuen Testaments von der Gemeinde, Göttingen 1941, S. 27 ff. Gegen Schleiermachers soziologisches Verständnis der Kirche wird hier der „eschatologisch-apokalyptische Grundcharakter der ‚Gemeinde Gottes'" hervorgehoben (S. 29), der seine Konstituierung „durch Kreuz, Ostern, Erhöhung und Pfingsten" findet (S. 30).

[71] Z. B. 1. Petr. 2, 9 f.; vgl. H. Strathmann, Art. *laos* in ThW IV S. 53 ff.

[72] 5. Mose 7, 7 f. u. ö.

Und doch gewinnt er zugleich mehr: die freie Liebe von Kindern.

c) Über dem allen ist im biblischen Zeugnis von der Wiedergeburt das *universale Ziel* Gottes keineswegs vergessen, sondern nur der angesichts der gegebenen Situation des Menschen einzig realistische Weg zu ihm ins Auge gefaßt. In gewisser Weise wird das universale Ziel durch die Vereinzelung sogar noch unterstrichen: Indem Gott unabhängig von ihrer Herkunft einzelne aus allen Völkern zu seinen Kindern beruft, ruft er sie zugleich überall in seinen Dienst als Zeugen seiner kommenden, die Welt umspannenden Herrschaft und als Zellen einer weitergehenden Erneuerung. „Auf daß wir (im Blick auf die endzeitliche Neuschöpfung) Erstlinge seiner Kreaturen wären" (Jak. 1, 18).
In dieser Perspektive ist ein berechtigter Ansatz für soziales Engagement des Christen gegeben. Die Wiedergeburt stellt ihn in den weiten Horizont des Menschheit und Schöpfung umgreifenden Heilswillens Gottes. Aber eben dieser partikulare Ansatz darf nicht voreilig und schwärmerisch in falscher Weise „weitsichtig" übersprungen werden[73]. Gottes universales erneuerndes Werk geht durch das Nadelöhr der realen Erneuerung einzelner in der Wiedergeburt.

4. Woran erkennt man den Wiedergeborenen?

Bisher habe ich versucht, die biblische Lehre von der Wiedergeburt in ihrer Tiefe und Weite zu entfalten. In polemischer Zuspitzung möchte ich nun noch einmal die beiden

---

[73] Das heißt, das missionarische Zeugnis des Christen kann und soll begleitet sein von zeichenhaftem sozialem und politischem Engagement, und zwar keineswegs nur in unmittelbarem Zusammenhang mit Mission, sondern als innere Konsequenz der Wiedergeburt. Das missionarische Zeugnis kann aber nie grundsätzlich von ihm abgelöst oder durch es ersetzt werden.

Punkte herausgreifen, die wieder in den Blick zu bekommen und von aller Diffamierung zu befreien mir besonders nötig erscheint:

— Wiedergeburt ist eine *wirkliche* Veränderung im Leben eines Menschen. Keine bloß gedachte[74], nur behauptete[75] oder nur erwartete[76].

— Wiedergeburt ist ein *einmaliges* Ereignis am Anfang des Christseins, keine Entwicklung oder lebenslanger Prozeß.

Zwar ist sie anders als die Bekehrung unserem Erkennen und Bewußtsein nicht so unmittelbar zugänglich wie diese[77]. Da Bekehrung und Wiedergeburt m. E. auch zeitlich nicht voneinander zu trennen sind, könnte man die Wiedergeburt die verborgene Seite der Bekehrung nennen[78].

Und doch: Als wirkliches, einmaliges Ereignis ist sie unserem Erkennen nicht grundsätzlich und schlechthin verschlossen. Danach aber wäre eine Unterscheidung von Wiedergeborenen und Nichtwiedergeborenen grundsätzlich möglich.

Die sich gegen diese Möglichkeit gewöhnlich erhebenden Bedenken wurden schon wiederholt erwähnt: Man verfalle hier notwendig in Richtgeist und „Pharisäismus". Die

---

[74] Vgl. A. Ritschl, Unterricht in der christlichen Religion, § 56 a (S. 50), wo er die Wiedergeburt den „ideellen Anfang des christlichen Lebens" nennt.

[75] Vgl. dagegen J. T. Beck, Die christliche Lehrwissenschaft, § 28, S. 536 „... die Liebesrechtfertigung, wenn sie einmal, als durch Wort und Berufung vermittelt, eine göttliche Declaration sein soll, ist, wie alles göttliche Sprechen, ein mit reeller Wirksamkeit in sein Object eingehender Declarationsact."

[76] Vgl. oben S. 8 (O. Weber) und sachlich dagegen A. Schlatter, Das christliche Dogma, Stuttgart 1911, S. 505: „Wiedergeburt ist nicht nur eine Hoffnung, sondern ein Vorgang, der unsere Geschichte gestaltet."

[77] Vgl. oben Anm. 51 die Beobachtung, daß zur Bekehrung aufgefordert werden kann, zur Wiedergeburt nicht (Joh. 3, 3 ist bloße Feststellung).

[78] Vgl. Kol. 3, 3. O. Rodenberg, Heiliger Geist — ein undeutliches Wort? ThB 2/71, S. 170 spricht im Zusammenhang von Joh. 3, 8 von der „absconditas der Wiedergeborenen".

Wirklichkeit sieht in der Regel eher umgekehrt aus: Die scheinbar frommen Bedenken verachten und verleugnen das Werk und den Weg Gottes in uns und mit uns.

Andererseits ist selbstverständlich richtig, daß bei der Frage nach der Unterscheidung von Wiedergeborenen und Nichtwiedergeborenen die Gefahr besteht, in ein falsches Urteilen hineinzukommen. Sie dürfte besonders dort akut werden, wo jene Unterscheidung bei den äußeren Phänomenen des neuen Lebens einsetzt. Vor allem dann, wenn es um Fragen des Lebensstiles geht, in denen keine für alle Christen verbindlichen Antworten gefunden werden können und dürfen.

Damit ist die Lebensführung des Christen auch in ihren Randfragen keineswegs in das Belieben des einzelnen gestellt. Aber ein wirklich klares Bild ergibt sich hier noch nicht. Man möchte in Abwandlung eines Wortes aus dem Jakobusbrief sagen: „Auch die Heiden tun Gutes – und zittern."

Um solcher Unklarheit und Gefahr falschen Urteilens zu entgehen, wird man tiefer einsetzen müssen. Nicht bei der Frage: *Wie* lebt der Christ im einzelnen? – sondern: *Woraus* lebt er elementar?

In der Wiedergeburt ist eine Grundentscheidung im Leben des einzelnen Menschen im Kampf zwischen Fleisch und Geist, zwischen Selbstliebe und Gottes- und Nächstenliebe gefallen[79]. Der Kampf dauert an, ja er beginnt erst richtig. Grundsätzlich aber ist klar: Der Glaubende lebt jetzt im Gesetz des Geistes (Röm. 8, 2), im Gesetz der Freiheit (Jak. 1, 25; 2, 12). Freiheit aber meint hier wesentlich Freiwilligkeit – zum Leben vor Gott.

---

[79] Eine klassische, wieder alle Abstraktionen übertreffende Beschreibung dieses Tatbestandes gibt eine biblische Erzählung: der Bericht von dem Zwiegespräch zwischen Jesus und Petrus Joh. 21, 15 ff. Die Liebe zu Jesus, zu der Petrus sich auf dreimaliges Befragen immer wieder bekennt, ist keine Tat oder Tugend, auf die Petrus sich irgend etwas einbilden könnte und wollte, sondern ein in Versagen (18, 27; 21, 3) und Infragestellung sich durchhaltendes Gebundensein an Jesus.

Diese Freiwilligkeit ist auf dreifache Weise zu umschreiben:

1. Durch einen selbständigen Zug des Wiedergeborenen zum Wort Gottes. Wie er aus dem Wort gezeugt ist[80], so weiß er sich auch bleibend abhängig vom Wort, von der Anrede Gottes.

2. Durch einen selbständigen Zug zum Gebet[81]. So, wie es das Kind drängt, seinen Vater anzurufen, so wird der Wiedergeborene zur Anrufung Gottes und zum Gespräch mit ihm gedrängt (Gal. 4, 6; Röm. 8, 15).

3. Durch einen selbständigen Zug des Wiedergeborenen zur Gemeinschaft mit anderen Kindern Gottes (1. Joh. 5, 1 f.; 1. Thess. 4, 9).
In diesen drei Grundbezügen und aus ihnen heraus lebt der Wiedergeborene. Ohne sie ist er wie ein Fisch auf dem Sand.

Wiedergeburt — weder ein unmodernes noch überhebliches oder selbstgenügsames Wort, sondern ein Wort, das, im biblischen Kontext gelesen, ins Herz des Evangeliums, der Botschaft vom Heil Gottes für diese Welt, führt. Ein Wort, dessen die Kirche sich wirklich nicht zu schämen brauchte.

---

[80] Vgl. 1. Petr. 1, 23; Jak. 1, 18.

[81] Vgl. M. Kähler, Die Wissenschaft der christlichen Lehre, Nachdruck der Leipziger Auflage von 1905, Neukirchen 1966, § 620 zu den „Kennzeichen, aus welchen auf das Vorhandensein des neuen Lebens mit Recht zurückgeschlossen wird": „Für die vorliegende Frage steht das Verhältnis zu Gott dauernd voran; seine Zurechtstellung findet ihren Ausdruck in dem Gebetsleben des Gotteskindes. Dieser Vorgang nimmt die Erfüllung des Zweckes, der dem Menschen eigentümlich ist, in gewissem Sinne voraus. Indem der Sünder in die angebotene Gemeinschaft mit Gott eintritt, vollzieht er den entscheidenden Schritt, durch welchen er seine ursprüngliche Anlage in ihrer wichtigsten Beziehung verwirklicht und in jener Gemeinschaft mit der urbildlichen Person die *Selbständigkeit* des persönlichen Lebens in allen Beziehungen gewinnt." (Kursiv von mir.)

Ein Wort allerdings, das zunächst einmal in der Kirche selbst ernstgenommen sein will.

Deshalb abschließend noch einige Überlegungen zur Frage, welche praktischen Konsequenzen sich für das Leben der Kirche aus dem biblischen Zeugnis von der Wiedergeburt ergeben könnten.

Folgerungen für die volkskirchliche Praxis

Das Zeugnis von der Wiedergeburt ist in unseren Volks-kirchen so gut wie verstummt. Wie kann es neu laut wer-den? Auf diese Frage seien einige thesenartige Antworten formuliert:

1. Es muß ganz neu der Ernst der völligen Todesverfallen-heit des natürlichen Menschen gesehen und ausgesagt wer-den.

Selbstverständlich muß das nicht in jeder Predigt gesche-hen, aber dort, wo das biblische Wort es nahelegt, auch klar und unverkürzt.

Wieviel guter Wille begegnet einem Pfarrer oft in seiner Gemeinde, wieviel Freundlichkeit, Liebenswürdigkeit und auch Hilfsbereitschaft. Wir dürfen und sollen dafür dank-bar sein. Wo wir aber darüber vergessen, daß auch der lie-benswürdigste Mensch ohne die neue Geburt das Reich Gottes nicht sehen kann, ist unser Dienst entscheidend blockiert.

2. Die neue Geburt kann durch uns nicht gemacht werden. Aber wo das Evangelium von Jesus klar verkündigt wird, da darf sie getrost als Wunder erwartet werden.

Diese doppelte Erkenntnis macht uns frei von falschem Er-folgsoptimismus wie von Resignation, wenn die großen Zahlen ausbleiben.

Zugleich gibt sie uns Freude an der Arbeit und dem „Er-folg" im Kleinen und Verborgenen.

3. Für die Seelsorge und den Gemeindeaufbau fordert die Tatsache, daß es Wiedergeborene (und nicht nur je und je neu Wiedergeborene oder mehr oder weniger religiös Interessierte) gibt, daß wir selbst auch diesen Weg Gottes mit ihnen dankbar und unerschrocken gegen möglichen Vorwurf des „Pharisäismus" oder der „Bevorzugung" ernst nehmen. Auch der vielleicht manchmal etwas merkwürdigen Kinder Gottes sollen wir uns nicht schämen. Gott selbst tat es auch nicht.

Dem partikularen Weg Gottes in der Wiedergeburt einzelner entspricht im Gemeindeaufbau die Priorität der besonderen Sorge um den einzelnen, ihre Bewahrung und Weiterführung im Glauben, ihre Sammlung – und vor allem Sendung.

Eine noch so großartig geplante und organisierte Gemeindearbeit ist zum geistlichen Scheitern verurteilt, wo sie diese von Gott gewiesenen Linien überspringt und unmittelbar universal ansetzend „alle" erreichen will.

Mitarbeiter im geistlichen Gemeindeaufbau können nicht organisiert, sondern höchstens entdeckt werden: Die Wiedergeborenen sind – jeder auf seine Art! – die geborenen Mitarbeiter in der Gemeinde.

Klaus Bockmühl

Sinn und Unsinn der „neuen Moral"

Kritik und Selbstkritik

Theologie und Dienst Heft 1

2. Auflage. 40 Seiten. Paperback

In dieser Broschüre untersucht der Verfasser nicht die historischen
Wurzeln der „neuen Moral" oder ihre sozialethischen Mängel. Er
befaßt sich mit ihrer „Sache" selbst: mit der Forderung nach einer
Situationsethik. Sein Ergebnis heißt: Die „neue Moral" — eine falsche
Antwort auf eine richtige Frage. Er zeigt die Schrumpfung der „alten"
Moral zu einer Vermeidungsethik, die sich der Gesetzlichkeit nähert
und wenig Wegweisung zu geben vermag für das Handeln des einzelnen in seiner besonderen Situation. Die „neue Moral" stellt das
mit Recht in Frage; in ihrer Gesetz-, Geist- und Horizontlosigkeit
jedoch bietet sie nur eine weitgehend atheistische Antwort.
Es gibt einen dritten Weg. „Gesetz u n d Geist", nicht Vermeidungs-
sondern Samariter-Ethik — so lauten die Prädikate einer wirklich
christlichen Moral.

Werner Stoy

Familie heute

Die christliche Familie zwischen Groß- und Kleinfamilie

Theologie und Dienst Heft 2

56 Seiten. Paperback

Mißmut über die Stellung der Frau und der Kinder in der Familie und
Beklemmung über ihre Isolierung in der Gemeinschaft hat zum Un-
behagen an der traditionellen bürgerlichen Familie geführt und neue
Formen des Zusammenlebens in Großfamilien entstehen lassen.
Welche Form der Familie ist nun besser: die der traditionellen Klein-
oder die der neuen Großfamilie? Der Verfasser berichtet zunächst
über die Kritik an beiden Familienformen. In einem zweiten Teil
stellt er als Grundlage für die Gestaltung der christlichen Familie dar,
wie die Bibel über die Familie spricht, um dann daraus die Konsequenz
im Blick auf die Alternative Klein- oder Großfamilie zu ziehen.

BRUNNEN-VERLAG · GIESSEN UND BASEL